Département de Hugo et Compagnie
38, rue La Condamine, 75017 Paris

www.hugoetcie.com

Ouvrage dirigé par Christophe Absi
Collection dirigée par Jean-Loup Chiflet

ISBN: 9782351641484
Dépôt légal: septembre 2011
Imprimé en France (Jean-Lamour)

Life starts with a victory

BORN 2B DIFFERENT

BORN 2B ZEN

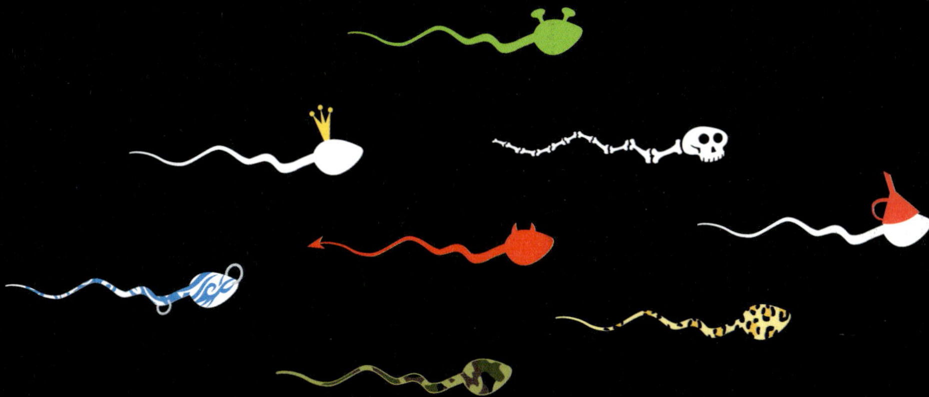

NOBODY IS PERFECT

BORN 2B A STAR

BORN 2B A SEX BOMB

KAMASUTRA EXPERT

BORN 2B A SEX MACHINE

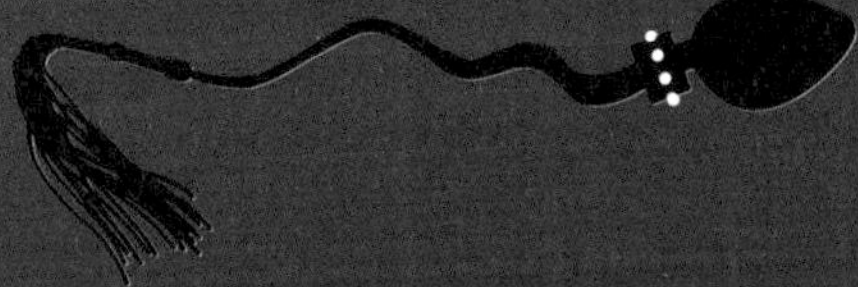

BAD GIRL

BAD BOY

MEN AT WORK

FIRST TEMPTATION

SEX INVADER

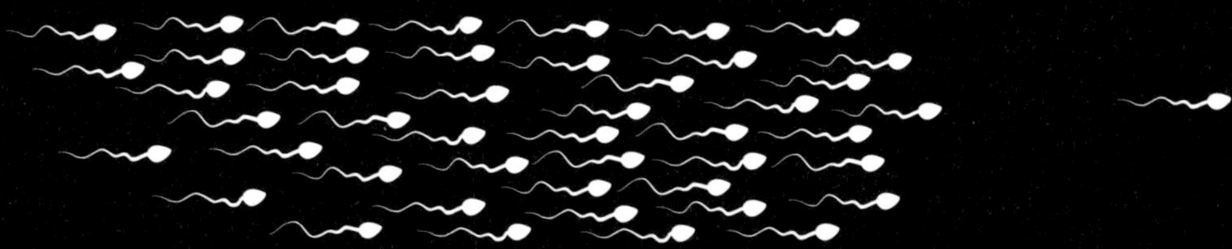

LIFE IS COMPETITION

BORN 2B CLONED

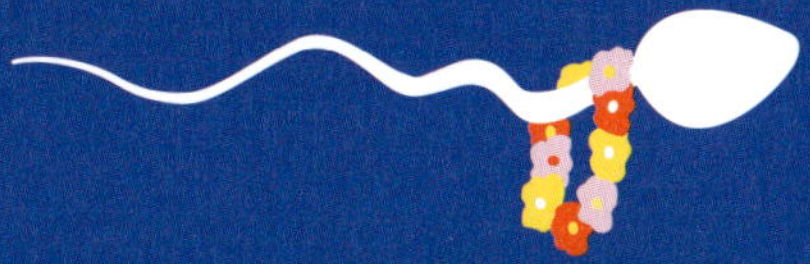

LIFE IS A BEACH

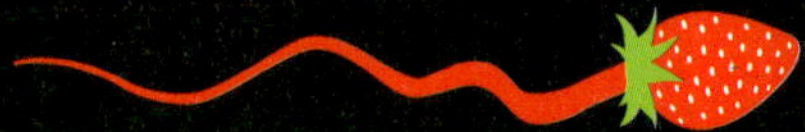

TASTE ME

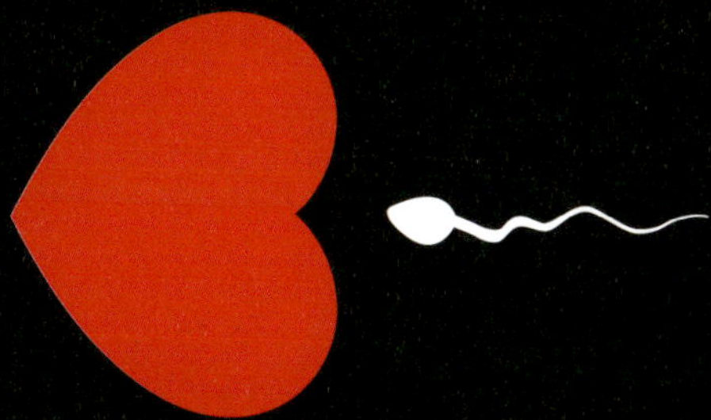

LOVE ME

X

PORN STAR

GREEN HOT CHILI PEPPER RED HOT CHILI PEPPER ME

BORN2BHOT

BURNING DESIRE

BORN 2B A SEX TOY

SEX POWER

BORN 2B ANGEL OR DEMON

BORN 2B LUCKY

BORN 2B OR NOT 2B

FRENCH LOVER

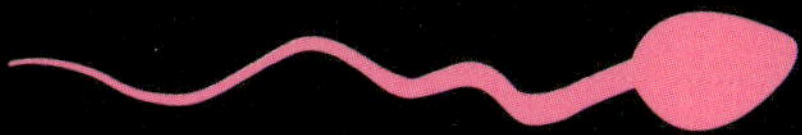

LA VIE EN ROSE

BORN **2B** AN ANARCHIST

NO FUTURE

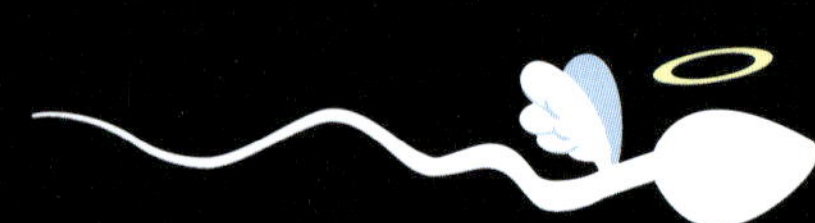

100% VIRGIN

SEX MASTER

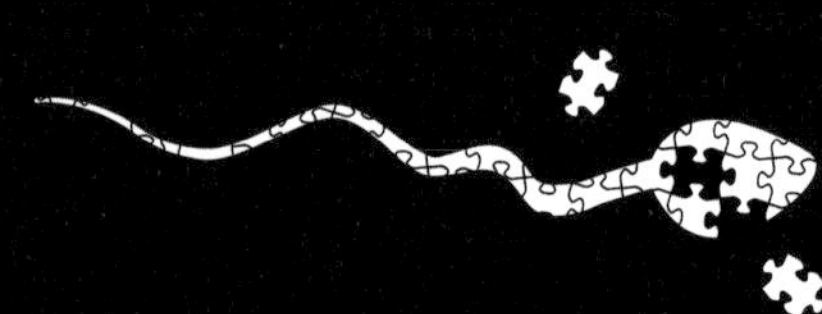

PLAY WITH ME

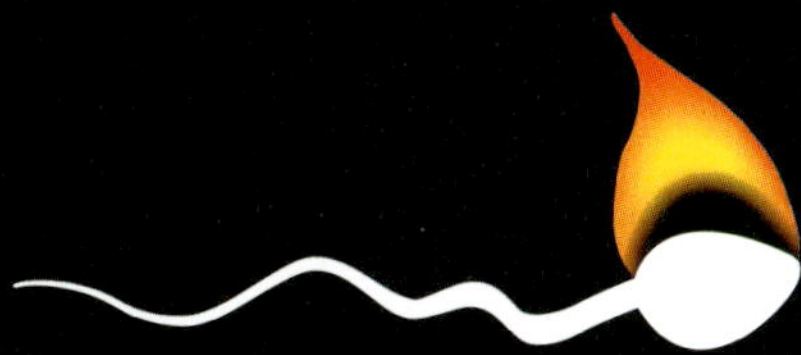

LIGHT MY FIRE

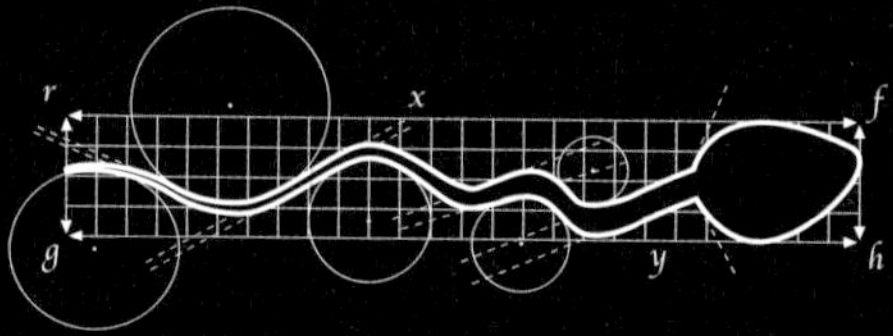

BORN 2B PERFECT

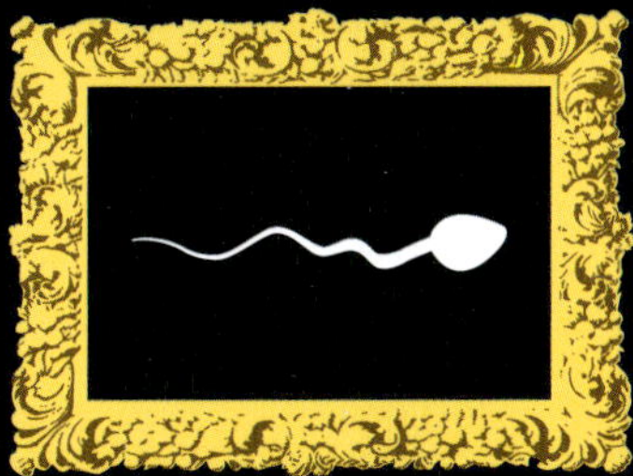

BORN **2B** A MASTERPIECE

LOVE PREDATOR

BORN2BWILD

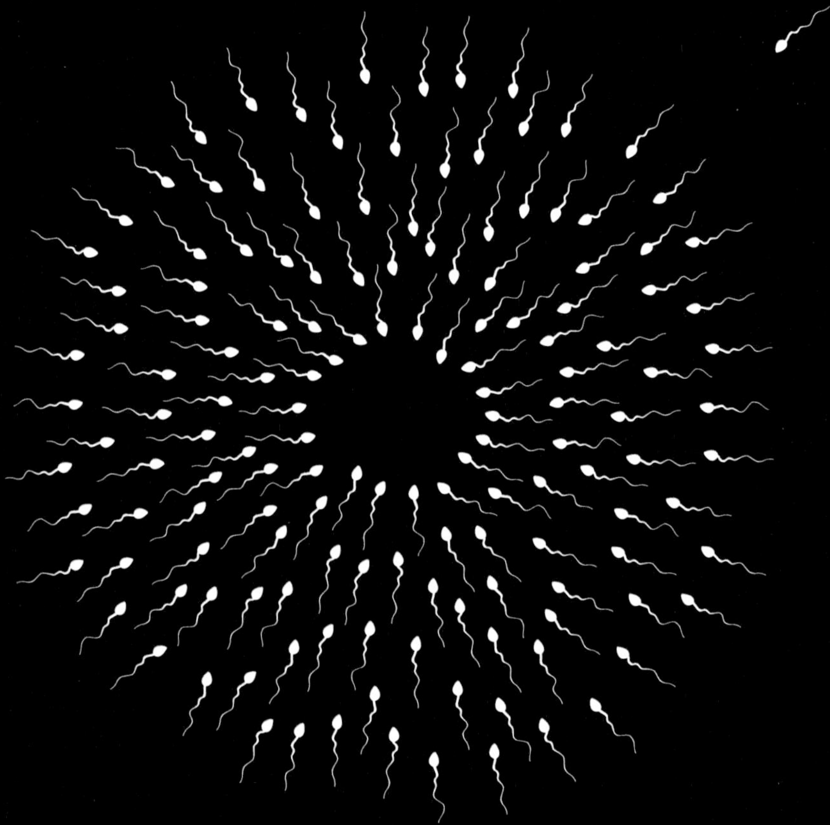

JOIN THE PARTY

LIFE IS BEAUTIFUL

PRISONER OF LOVE

MAKE LOVE NOT WAR

PEACE & LOVE

LIFE IS A JUNGLE

MACHO MAN

DEVIL INSIDE

BORN 2B RICH

BORN2BFRE

BORN ON MARS

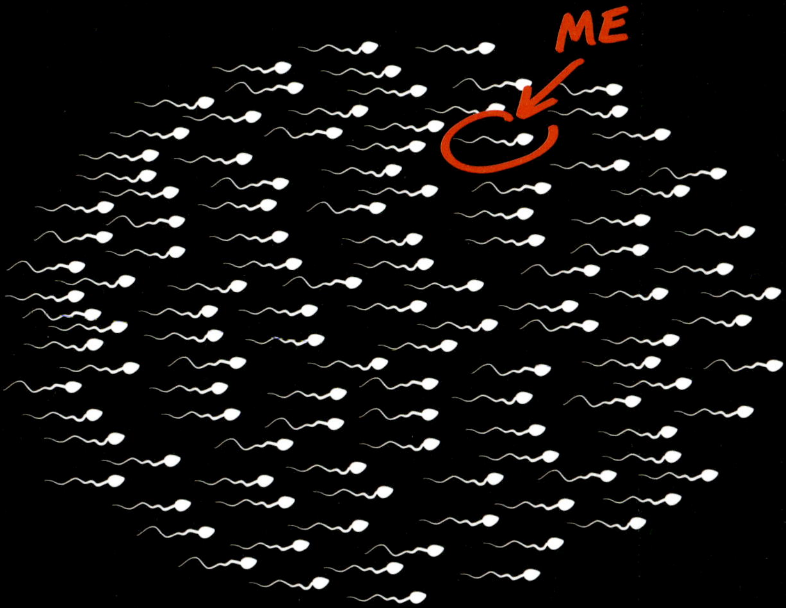

BORN 2B UNIQUE

BORN IN THE USA

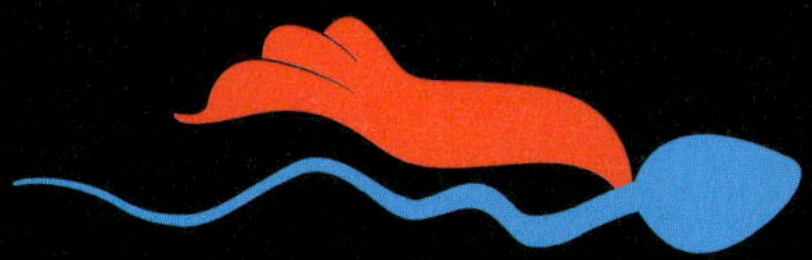

BORN **2B** A SUPERHERO

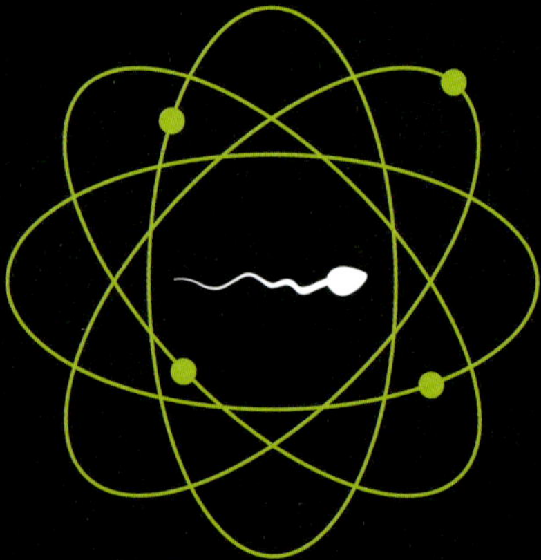

SEXUAL ENERGY

VENI VIDI VICI

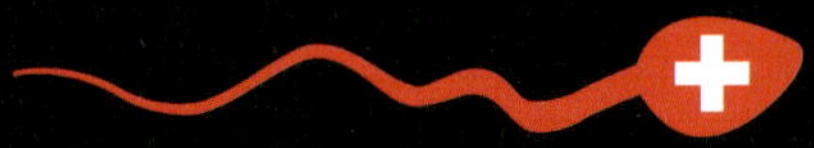

SWISS MADE

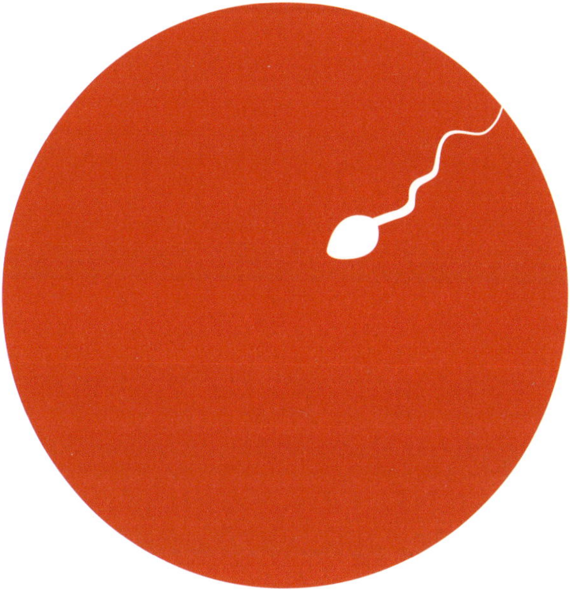

MADE IN JAPAN

BORN 2B GAY

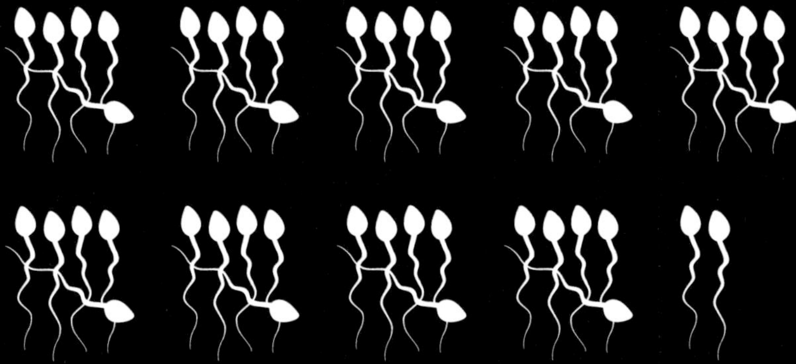

SERIAL LOVER

BABY ON BOARD

LIFE IS A GAME

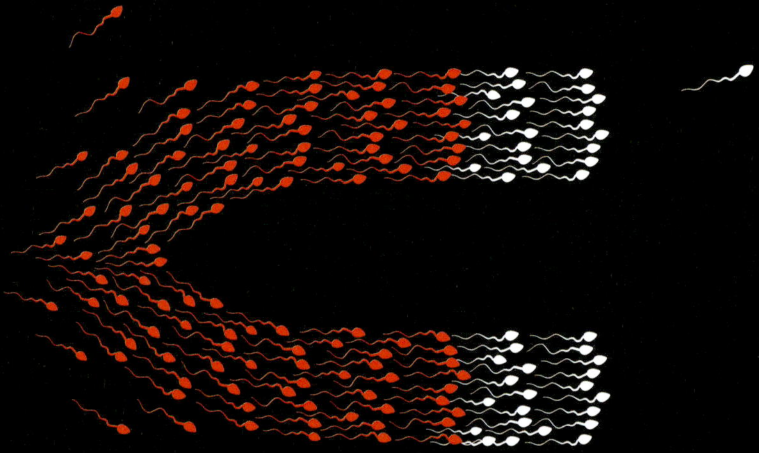

LOVE ATTRACTION

SEX APPEAL

BORN 2B FUNNY

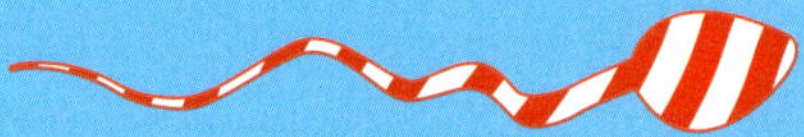

CANDY GIRL

BORN 2B A GENIUS

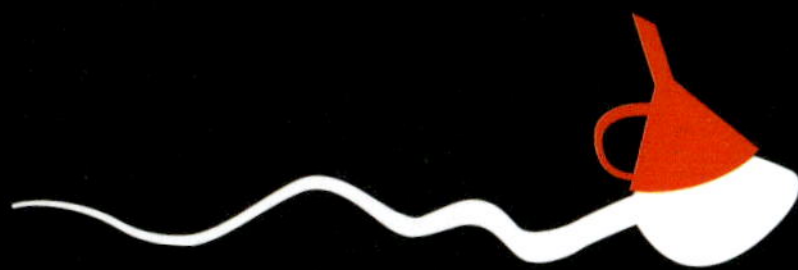

BORN2BCRAZY

BIG BANG GENERATION

BORN 2B HUMAN

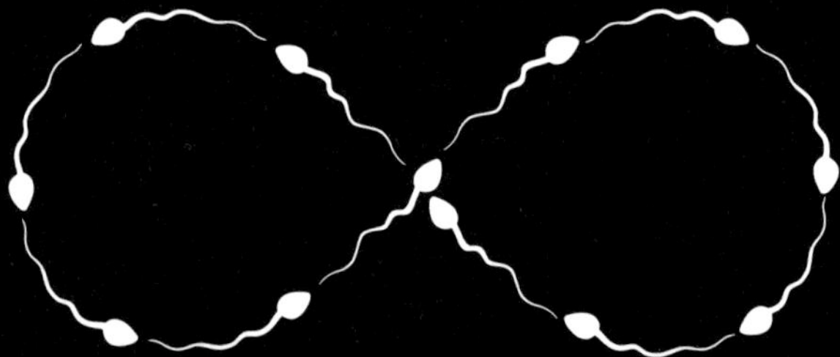

ETERNAL LOVER

SEX SLAVE

NATURAL LOVER

FLOWER POWER

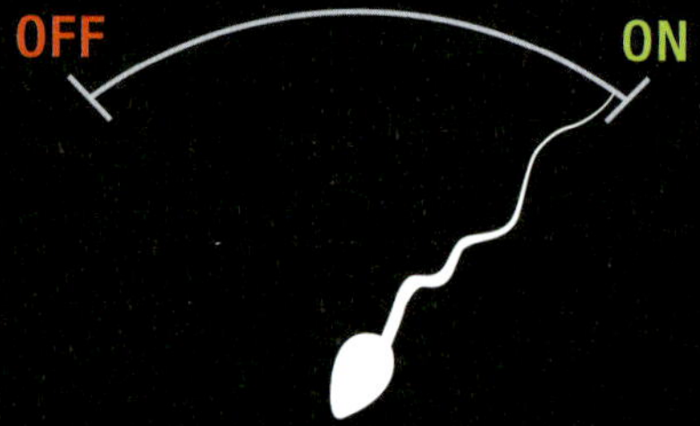

READY FOR LOVE

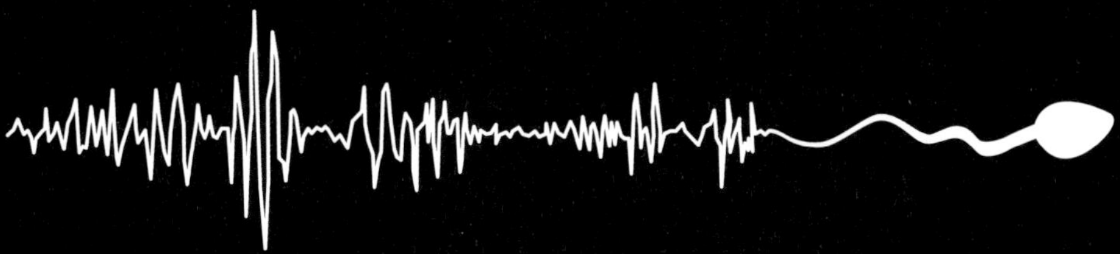

SEXUAL PULSION

TOUCH ME

DON'T TOUCH

BORN 2B ROMANTIC

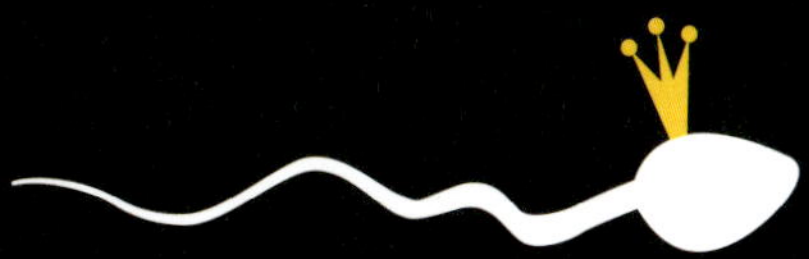

BORN 2B A PRINCESS

FOLLOW ME

GOOD VIBRATIONS

BORN FOR THE REVOLUTION

BLACK IS BEAUTIFUL

BORN 2B INVISIBLE

BORN 2B PRECIOUS

GIRL POWER

HOMO ERECTUS

BORN 2B RECYCLED

100% BIO

BORN 2B FAMOUS

I WANT YOU

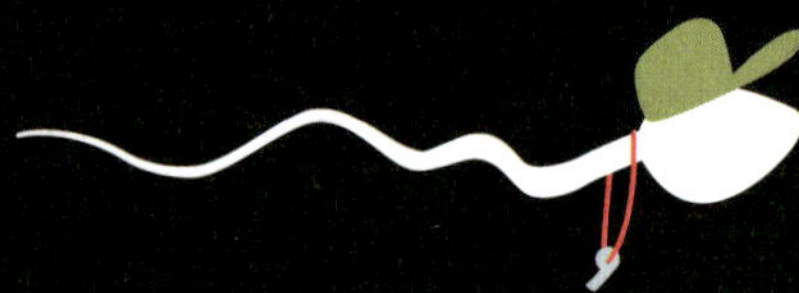

SEX INSTRUCTOR

NO SEX

ANONYMOUS LOVER

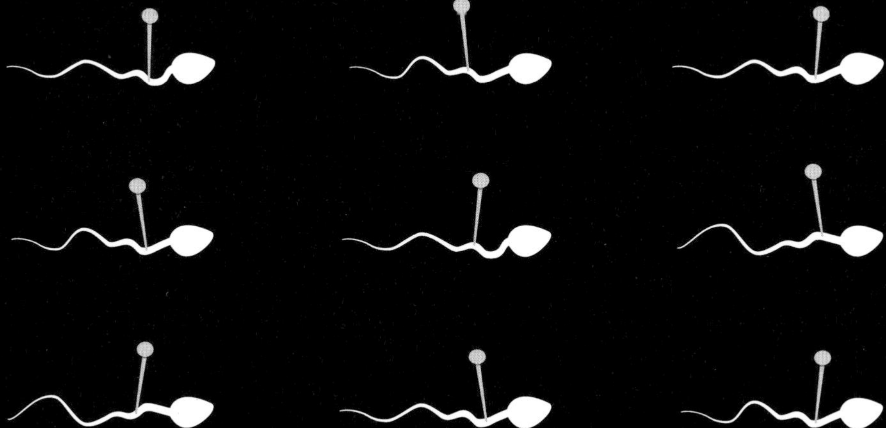

LOVE COLLECTOR

SEX EDUCATION

ALEA EJACTA EST